LES ALLEMANDS EN AFRIQUE

Les Explorations africaines au XIX siècle*. — L'antiquité
et le moyen-âge n'ont guère connu de l'Afrique que le littoral
méditerranéen. Au delà, s'étendait la limite infranchissable
du désert et, plus loin encore, le pays des nègres, c'est-à-dire
l'inconnu.

Au XV* siècle, les Portugais commencèrent leurs explorations, qui les conduisirent au cap de Bonne Espérance, puis
sur la côte orientale d'Afrique. Un moment, ils furent les
maîtres à peu près incontestés de tout le littoral africain. De
ce grand empire colonial, il ne reste plus que la Guinée Por-
tugaise, l'Angola, le Mozambique et quelques archipels de
l'Océan Atlantique.

Cependant, toutes les nations maritimes de l'Europe n'a-
vaient pas tardé à suivre les Portugais. Français, Hollan-
dais, Espagnols, Danois, Allemands de la ligue Hanséatique,
Anglais, tous voulurent avoir des comptoirs sur la côte de
Guinée, attirés par les richesses du pays qui étaient alors
la poudre d'or, l'ivoire et les esclaves.

Aujourd'hui encore, cette côte est morcelée en un grand
nombre de souverainetés, territoriales. On y recueille toujours l'ivoire et un peu de poudre d'or; mais la traite de
l'huile a remplacé celle des esclaves. Peu à peu les notions
concernant la côte et quelques pays limitrophes, s'étaient
précisées, mais l'intérieur avait échappé à toute investiga-
tion sérieuse et restait toujours la *Terra Incognita* des anciens et le pays du mystère et de la légende. Ce qu'on savait
au point de vue géographique était fort confus. On connais-

sait l'existence des grands lacs, mais on les confondait les uns avec les autres ; on les faisait tous communiquer entre eux, de sorte qu'un bateau entré dans le Nil par la Mer Méditerranée, pouvait, en suivant toujours le fil de l'eau, déboucher dans l'Atlantique, soit par le Niger, soit par le Congo. Le Niger venait en droite ligne du lac Tchad et se jetait à la mer par l'embouchure du Sénégal. En revanche, le Fleuve Orange était un tributaire de l'Océan Indien. Seuls le Zambèze et le Limpopo étaient assez exactement représentés sur les cartes. Il faut dire qu'ils étaient à proximité des possessions portugaises et que leurs bassins étaient parcourus par les Pombeiros, esclaves noirs ou mulâtres, chargés de conduire les caravanes dans l'intérieur. Ces Pombeiros furent, en quelque sorte, les premiers explorateurs du continent africain, au moins pour la région australe. L'un d'eux, Silva Porto, est resté célèbre. De 1854 à 1857 il alla du Benguela au Zambèze inférieur, traversant ainsi l'Afrique de part en part.

Au point de vue politique, les renseignements étaient encore plus vagues, et la légende se substituait volontiers à l'histoire. Tombouctou, aux confins du désert et de la Nigritie, était réputée comme une ville extraordinaire par ses richesses et par sa population. L'Abyssinie était devenue un moment le Royaume du Prêtre Jean. Enfin, au sud de l'équateur, on citait les Empires du Congo et du Monomotapa. Ce dernier était situé sur le plateau qui domine la côte de Sofala et les relations du temps font de la cour de l'Empereur un tableau qui rappelle au moins les splendeurs des cours asiatiques. Il y avait sans doute un fond de vérité dans ces récits extravagants. Ainsi les monts du Manica, qui représentent l'ancien Monomotapa, renferment encore aujourd'hui des mines d'or dont les Portugais et les Anglais se sont disputé, il y a vingt-cinq ans, la possession avec âpreté.

Mais, par suite de ces récits merveilleux, l'Afrique restait le Continent mystérieux par excellence.

C'est au début du XIXe siècle, que les nations civilisées en-

treprirent de percer ce mystère. Les explorations affectèrent
d'abord un caractère purement géographique. Ce fut dans
l'intérêt seul des sciences qu'elles furent entreprises. Plus
tard, elles devinrent moins désintéressées et servirent exclusivement des intérêts politiques.

Ce furent le Niger et Tombouctou qui attirèrent les premiers explorateurs, parmi lesquels il faut citer l'Ecossais
Mungo-Park, qui périt en 1805, dans les rapides de Boussa,
l'Anglais Clapperton, qui mourut de la dysenterie en 1828, à
Sokoto, et le Français René Caillé. Caillé, seul, sans ressources, partit en 1824 du Rio Nunez et s'enfonça dans l'intérieur. Son voyage dura cinq ans. Plus heureux que ses
devanciers, il put revenir dans son pays et raconter ce qu'il
avait vu. Il avait visité Tombouctou et de là par le Désert et
le Maroc, il avait rejoint la côte de la Méditerranée. On ne
voulut d'abord pas croire à la réalité de ce voyage. Puis on
se rendit à l'évidence. Caillé est mort en 1838. Le général
Faidherbe, gouverneur du Sénégal, lui fit élever une statue
à Boké, capitale actuelle des Rivières du Sud (1).

Désormais, les itinéraires vont se croiser et se multiplier,
enserrant peu à peu dans les mailles de leur réseau, l'Afrique
tout entière. Le Continent est attaqué de tous les côtés à la
fois et par des voyageurs de toutes nationalités.

Les Français s'attachèrent au Sahara et au Soudan qui
ne sont que le prolongement de l'Algérie et du Sénégal. Une
énumération complète des voyages qui furent alors effectués,
serait longue et fastidieuse. Il suffira de citer Galliéni qui,
de 1880 à 1887, dirigea ou envoya des missions du Sénégal
au Niger. Plus tard, quand la France eut étendu sa sphère
d'influence, le capitaine Binger alla du Sénégal à la Côte
d'Ivoire, en 1888-89, et le commandant Monteil fit, en deux
ans, de 1890 à 1892, la magnifique traversée du continent, du
Sénégal au Lac Tchad, et de là à Tripoli.

(1) Plus tard, en 1880, l'Autrichien Oscar Lenz refit le même voyage mais
en sens inverse et avec un égal bonheur. Il traversa le Maroc, visita Tombouctou et revint par Saint Louis du Sénégal.

    G. QUESNEL

Dans l'Afrique australe, Savorgnan de Brazza, commença en 1876 des explorations à la fois scientifiques et politiques, en arrière du Gabon, dont le résultat fut de nous donner un nouvel empire colonial dans le bassin du Congo. Le désir de joindre ces nouveaux domaines à ceux du Soudan fit organiser, en 1890, les missions Mizon, Crampel et Dybouski. Leurs fortunes furent diverses, mais le résultat poursuivi fut atteint par la saisissante rencontre qui eut lieu le 5 avril 1892, dans un îlot de la Haute Sangha, entre le lieutenant Mizon, venu de l'Adamoua, et Savorgnan de Brazza, venu du Congo. Mizon avait mis vingt mois pour remonter le Niger, le Bénoué, passer ensuite dans le bassin du Congo et descendre la Sangha jusqu'au Grand Fleuve et de là à la mer. La jonction du Congo au lac Tchad fut opérée par le voyageur Casimir Maistre, dont le voyage dura quatorze mois, de janvier 1892 à mars 1893. Il remonta le Congo et l'Oubanghi, passa dans le bassin du Chari et pénétra dans le Baghirmi. Son retour s'effectua par l'Adamoua et le Niger.

Les Allemands portèrent leurs efforts vers le Lac Tchad et les contrées qui vont rejoindre le Nil. L'intérêt exclusif de la science les attira d'abord en Afrique, mais depuis la constitution d'un empire colonial, leurs explorateurs ont obéi, eux aussi à des considérations plus pratiques. Les premiers qui abordèrent le continent noir furent subventionnés par le gouvernement anglais. Le Dr Barth, pendant 10 ans, de 1845 à 1855, soit seul, soit avec ses compagnons Overweg et Richardson, visita tout le nord de l'Afrique jusqu'au Tchad. Dans son dernier voyage, qui dura cinq ans, il avait exploré le Bornou, le Baghirmi et l'Adamoua, où nul Européen n'avait pénétré avant lui et il avait séjourné à Tombouctou, sur laquelle il confirma les renseignements rapportés par Caillé. Barth mourut en 1865. Le Dr Nachtigal, qui devait jouer par la suite un si grand rôle dans l'œuvre d'expansion coloniale allemande, refit — en partie — de 1868 à 1873, le voyage de Barth et descendit au sud du Tchad, jus-

qu'à un point nommé Goundi, à 9 degrés de l'Equateur.
C'est ce point qui a été rejoint, plus tard, par la mission
Maistre, venue du Congo. A la même époque, Schweinfurth,
un savant botaniste, avait débarqué à Souakim, gagné Khar-
toum, et de là s'était enfoncé dans les régions équatoriales
du Haut Nil. Il y herborisa pendant trois ans, et poussa
même jusqu'à l'Oubanghi-Ouellé, qu'il reconnut n'être qu'une
seule et même rivière.

Enfin, Gérard Rohlfs, de 1862 à 1879, pénétra avant tout
européen dans le Sahara et visita des oasis inconnues répu-
tées impénétrables, comme le Tafilet, le Touat, Koufara,
Kebabo. Déguisé en musulman et se prétendant descendant
de la famille illustre des Abbassides, muni de plus d'un sauf-
conduit du chérif d'Ouezzan, il fut bien accueilli partout. Au
Touat, où il séjourna un mois, il fit même des miracles, au
dire des indigènes (1).

Dans l'Afrique australe, un nom domine l'histoire des découvertes géographiques, c'est celui de Livingstone, qui, de
1840 à 1873, explora le Cap, le Bedjouana, le bassin du Zambèze et la région des Grands Lacs. Entre temps, il venait en
Angleterre faire part de ses découvertes et chercher de nouveaux subsides. En 1865, après un dernier séjour dans la
mère patrie, il repartit pour son troisième et dernier voyage.
Il remonta le Rovouma, fleuve de la côte orientale, et se porta sur le lac Nyassa. Il fut alors abandonné par ses porteurs,
qui redoutaient la férocité des tribus au milieu desquelles
on allait s'engager, et le bruit courut en Europe qu'il avait
été assassiné. Des lettres, datées du 5 février 1867, vinrent
démentir cette nouvelle et apprirent que Livingstone était

(1) L'Allemagne n'existait pas encore comme unité politique, et ses natio-
naux se mettaient alors volontiers à la solde de gouvernements étrangers.
Barth et son compagnon Overweg voyagèrent d'abord pour le compte de
l'Angleterre sous la conduite de l'Anglais Richardson. Schweinfurth entra
dans l'administration khédiviale et devint plus tard directeur des Musées de
l'Institut Egyptien. Rohlfs enfin, qui avait fait la campagne du Danemark
en 1864, en qualité d'officier prussien, se rendit ensuite en Algérie où il
prit du service dans la Légion Etrangère.

en marche vers le Tanganyka. Puis on resta sans nouvelles. Cependant, Livingstone continuait le cours de ses découvertes et, pendant quatre ans, reconnaissait les lacs Bangouéolo, Moero, le Loualaba et enfin le Tanganyika, où il arriva à bout de forces et de ressources. Une mission, partie de Londres pour le ravitailler, put à peine quitter la côte orientale. C'est alors qu'un jeune Américain, Henri Stanley, subventionné par le *New-York-Herald*, alla seul et audacieusement au devant du grand explorateur, qu'il retrouva à Oudjiji. Ce voyage, accompli en 1871-1872, eut un immense retentissement et commença la réputation de Stanley. Livingstone repartit alors vers les sources du Louababa en mars 1872. La dysenterie le prit au milieu de ces régions lacustres, où il fallait marcher dans l'eau jusqu'à mi-corps pendant des journées entières. Bientôt il se sentit perdu et voulut regagner Oudjiji: mais il était trop tard. Incapable de marcher, il se fit porter sur une civière. Le 27 avril 1873, il écrivit sur son journal quelques lignes qui furent les dernières. Le 4 mai, il expirait à Moulala, sur les bords du lac Bangouéolo. Ses noirs décidèrent de conserver son corps. Les intestins furent retirés et enfermés dans une boîte en étain que l'on enterra sous un arbre voisin ; le corps fut mis dans du sel, puis on le mit à sécher au soleil pendant douze jours. Ainsi réduit à l'état de momie, il fut placé dans un cercueil fait d'écorce d'arbre. Le convoi se mit en marche pour la côte, qu'il n'atteignit que le 14 février 1874. Une mission envoyée par le gouvernement anglais était venue au-devant du cortège. Le cercueil fut embarqué le 12 mars et arriva le 13 avril à Londres. L'Angleterre rendit à la dépouille mortelle de Livingstone des honneurs exceptionnels : les obsèques furent nationales, et le corps fut déposé à Westminster (1).

---

(1) Jacob Wainwright, jeune Africain, converti par Livingstone, qui l'accompagnait depuis plusieurs années et qui avait assisté à ses derniers moments, figurait au premier rang dans le cortège. Avec cinq autres noirs il avait ramené le corps à Zanzibar.

Les nouvelles que Stanley avait rapportées de son voyage avaient de nouveau surexcité en Europe l'intérêt qui s'attachait aux questions africaines. Un dernier problème restait à résoudre. Il s'agissait de savoir si le Zaïré ou Congo, ce fleuve immense dont le bassin occupe presque la moitié du Continent austral, était alimenté par le Tanganyka, le Moero et le Bangouéolo, ou si ces lacs se déversaient dans le Nil. Ce fut Stanley qui, dans son deuxième voyage en Afrique, de 1874 à 1877 eut l'honneur de résoudre la question. Ce voyage fut fécond en résultats scientifiques.

Stanley partit de Bagamoyo, sur la côte orientale, traversa les plateaux et chaînes de montagnes qui séparent la côte des grands Lacs, visita l'Ouganda, l'Ounyoro, reconnut les lacs Victoria et Albert Nyanza, qui appartiennent au bassin du Nil, puis le Tanganyka, qui appartient au bassin du Congo, et de là descendit ce fleuve jusqu'à l'Atlantique, franchissant, au prix des plus grandes difficultés, les rapides et cataractes qui embarrassent son cours, et, luttant contre les indigènes, auxquels il dut livrer parfois de véritables batailles. Il arriva à Cabinda le 13 août 1877, avec sa colonne réduite de plus de moitié, épuisée de faim et de fatigue. Peut-être pouvait-on lui reprocher d'avoir accompli cette expédition avec des procédés qui rappelaient plutôt ceux des Conquistadores du XVIe siècle. Quoi qu'il en soit, les résultats scientifiques étaient tels que Stanley fut aussitôt placé au premier rang des explorateurs africains. La place était vacante depuis la mort de Livingstone.

La conférence de Berlin et le Congo belge. — Cependant, au cours de ces explorations, les convoitises des nations européennes s'étaient éveillées. Toutes celles qui prétendaient à un commerce maritime et à une expansion coloniale s'efforcèrent de mettre la main sur les territoires qui se trouvaient à leur convenance ou à leur portée. Le Portugal et l'Espagne firent valoir des droits séculaires. La France et l'Angleterre invoquaient les mêmes droits et avaient en outre, les moyens d'exécution, c'est-à-dire des flottes et de l'argent. Dans l'Afrique occidentale, elles évincèrent peu à peu tous les autres concurrents. La France réoccupa les possessions qu'elle avait délaissées ou même abandonnées.

L'Angleterre augmenta les siennes et s'empara de la côte de Lagos et des Bouches du Niger. Il y eut conflit, naturellement, à la suite duquel un accord, ou plutôt une suite d'accords intervinrent qui réglèrent tant la délimitation de la côte que celles des sphères d'influences à l'intérieur. La France obtint pour sa part toute l'Afrique occidentale, où elle allait désormais, soit par des traités, soit par des expéditions militaires, se créer, de la Méditerranée au Congo, un empire colonial de 9 millions de kilomètres carrés, d'un seul tenant, soit à peu près le tiers de l'Afrique.

L'Angleterre n'avait pas des visées moins ambitieuses. Peut-être même les siennes l'étaient-elles davantage puisqu'elles n'allaient à rien de moins qu'à l'établissement d'un chemin de fer transafricain qui partirait du Cap pour aboutir à Alexandrie en passant sur des terres exclusivement anglaises. Le rêve ne semblait pas irréalisable. En effet, dès 1881, l'Angleterre avait établi son protectorat sur l'Egypte, et la domination égyptienne s'étendait alors jusqu'aux Provinces Équatoriales, c'est-à-dire jusqu'aux lacs Albert et Victoria-Nyanza. Il est vrai que la révolte du Mahdi, qui éclata presque aussitôt, allait changer pour plusieurs années la situation politique de ces pays, mais alors on espérait pouvoir la réduire facilement. D'autre part, dans l'Afrique australe, les longs séjours de Livingstone dans le bassin du Zambèze avaient préparé les voies à une annexion qui fut réalisée par un aventurier de génie, Cecil Rhodes. L'occupation du Bedjouanaland, puis du Matabeleland, plus tard réunis sous le nom de Rhodésia, eut d'abord pour résultat de couper court aux projets des Portugais, qui voulaient joindre leur Mozambique de la côte orientale à l'Angola de la côte occidentale, à travers le continent austral, et ensuite de permettre à l'Angleterre de s'avancer jusqu'au lac Nyassa. Elle n'avait donc plus que quelques centaines de kilomètres à franchir pour donner la main à ses postes des Provinces Équatoriales d'Égypte.

Mais là, elle trouva devant elle la barrière d'un état nouveau, état sans précédent dans l'histoire des peuples, puisqu'il était international, autrement dit sans nationalité : c'était l'État Indépendant du Congo. Le roi Léopold, qui, avec son flair merveilleux d'homme d'affaires, avait deviné l'avenir réservé aux entreprises africaines, avait jeté son dévolu sur l'immense bassin du Congo que personne ne revendiquait encore. Il lui fallait un homme énergique et résolu pour mener l'œuvre à bien, et il le trouva dans Stanley, dont le nom, d'ailleurs, était inséparable de la découverte géographique de ce pays. Stanley partit comme agent commercial d'une société fondée par le roi des Belges, avec la mission d'établir des stations sur le fleuve et ses affluents.

Cette mission dura cinq ans, de 1879 à 1884, et eut un plein succès, sauf au retour où l'agent du roi Léopold eut la désagréable surprise de trouver, sur le Bas Congo, Savorgnan de Brazza, qui venait de prendre possession des territoires situés entre le fleuve et l'Océan et de fonder Brazzaville, sur le Pool, où flottait désormais le drapeau français. Ce fâcheux incident ne coupait pas le Congo de la mer, puisqu'il était toujours maître de l'embouchure, mais il ne lui laissait sur l'Atlantique qu'une étroite bande d'une vingtaine de kilomètres. Quoi qu'il en soit, le roi Léopold se hâta d'organiser son nouveau domaine. La conférence de Berlin s'ouvrit l'année suivante, en 1885, pour régler les questions africaines pendantes et fixer notamment la procédure à suivre désormais, pour l'occupation de nouveaux territoires. Quatorze puissances prirent part à la conférence, ce qui indiquait l'importance des points à débattre et l'âpreté des compétitions. Stanley, délégué par le roi Léopold, prit part à ces discussions et fit reconnaître officiellement l'existence de l'État Indépendant. La Belgique avait refusé de participer à ce qu'on appelait alors une aventure. Plus tard, elle devait s'estimer heureuse de recueillir, dans la succession de son roi, la plus belle colonie peut-être du continent africain, tant au point de vue des ressources agricoles qu'à celui des richesses minières. Le caoutchouc du Kassaï vient concurrencer aujourd'hui, sur le marché mondial, celui du Brésil, en qualité comme en quantité, et les provinces lointaines du Katanga et du Manyéma. ont révélé des richesses inespérées en houille, métaux et pierres précieuses.

L'Allemagne était restée indifférente à tout ce mouvement africain. Depuis 1871, elle était absorbée par ses questions intérieures en même temps que par l'organisation de sa puissance industrielle et commerciale. Cependant, ses explorateurs n'avaient pas en vain sillonné le continent noir sans créer à la longue un mouvement d'opinion parmi les géographes, les savants, les hommes d'affaires et bientôt même dans le gouvernement. Bismark avait longtemps manifesté sa répugnance à s'engager dans la politique coloniale. Il y voyait une dépense d'hommes et d'argent certaine pour un résultat précaire et lointain. Cependant, du jour où il se décida à intervenir dans les affaires africaines, il le fit avec sa hauteur et sa brutalité coutumières.

Alors qu'il semblait qu'il n'y avait plus rien à prendre en Afrique, chacun s'étant fait sa part, en vertu de droits plus ou moins légitimes, l'Allemagne, en l'espace de deux ou trois ans, trouva moyen de prendre pied sur quatre points du littoral africain et de jeter ainsi les bases d'un empire colonial qui comprend aujourd'hui 2.700.000 kilomètres carrés et plus de quinze millions d'habitants. Ses possessions sont le Togoland, le Cameroun, le Sud-Ouest Africain Allemand et l'Est Africain Allemand.

Ce fut le docteur Nachtigal qui fut le promoteur et l'artisan de cette politique nouvelle.

Le Togoland. — La côte de Guinée était alors la région de l'Afrique la plus riche et la plus exploitée à cause de ses produits naturels, l'ivoire et l'huile. La France et l'Angleterre se la disputaient âprement. En 1883, le docteur Nachtigal trouva, sur la Côte des Esclaves, un point qui leur avait échappé, et, en vertu des stipulations de l'acte de Berlin, qui exigeait que tout protectorat fût suivi d'une occupation effective, il se fit céder, par le petit roi du Togo, un modeste territoire de 1300 kilomètres carrés, avec 36 kilomètres de côte,

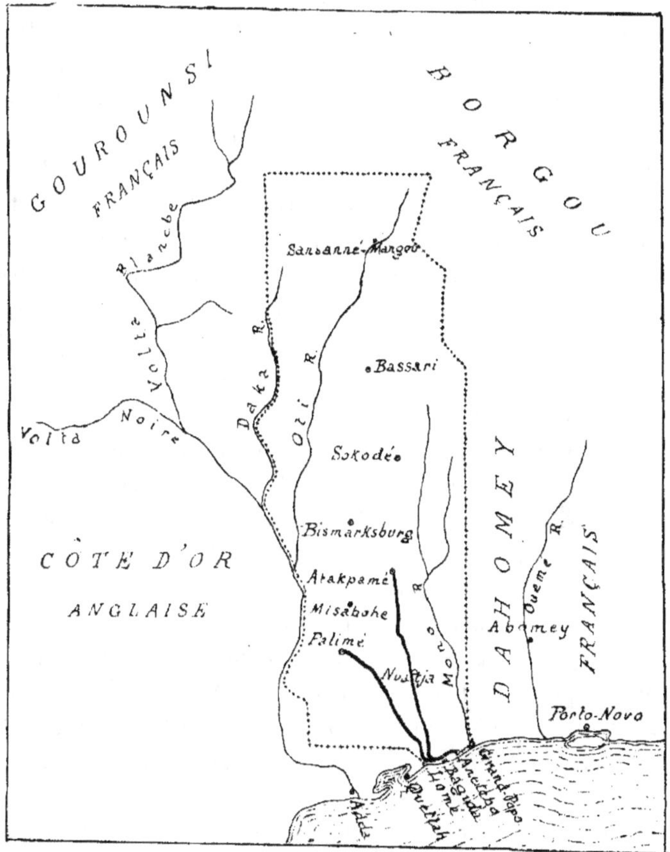

TOGOLAND

et en prit immédiatement possession au nom de l'Empire Allemand. Le 5 juillet 1884, le pavillon allemand était arboré sur la plage de Bagida. Sur toute cette côte se trouvaient d'anciens comptoirs qui avaient été tour à tour portugais ou français et qui semblaient n'être plus à personne, aucun droit de souveraineté n'y étant plus exercé ; c'étaient Lomé, assez récemment construit à proximité de la Côte d'Or, par des marchands qui voulaient s'affranchir des droits excessifs imposés par les Anglais : Bagida, que d'anciennes cartes appellent Bagdad ; Porto-Seguro, ou le port sûr, ainsi nommé par des noirs affranchis venus du Brésil, et, plus loin, Petit-Popo, que la France avait acheté en 1863, puis abandonné, et qu'elle se hâta de réoccuper en 1883. Des contestations éclatèrent aussitôt et, l'Allemagne tenant bon, obtint, en février 1886, deux traités, l'un avec la France, qui lui cédait Petit-Popo en échange de quelques factoreries des Rivières du Sud ; l'autre avec l'Angleterre, qui fixait la limite de la nouvelle colonie allemande à la Volta inférieure et moyenne.

En 1889, l'Angleterre et la France signaient une nouvelle convention qui établissait les lignes de démarcation de leurs établissements respectifs, depuis la rivière Cavally jusqu'au Niger, de telle sorte que, sur 2.000 kilomètres de littoral, 1.200 étaient attribuées à l'Angleterre, 750 à la France et 50 à l'Allemagne. Mais restait la question du hinterland, question vitale pour la France, puisque de sa solution dépendait l'avenir de sa domination dans la vallée du Niger et de sa libre communication avec le Tchad. Elle était alors engagée dans une lutte qui durait depuis dix ans contre les États indigènes qui lui barraient la route du Soudan. Deux surtout résistaient, parfois avec succès, à nos tentatives de pénétration ou de conquête. C'étaient le royaume de Ségou, fondé par Ahmadou-Cheikhou, entre le Haut Sénégal et le Niger, et l'Empire Toucouleur de Samory, qui s'étendait plus au sud, à travers le Ouassoulou jusqu'aux sources du Niger. Il fallut les expéditions répétées et les brillantes campagnes de Borgnis-Desbordes, de Galliéni et d'Archinard pour réduire l'un et l'autre. Ahmadou, battu en 1891, s'enfuit chez les Maures du Sahara, où l'on n'a jamais su ce qu'il était devenu ; quant à Samory, poursuivi sans pitié, il devait être bientôt réduit à

errer des sources du Niger aux confins de notre colonie de
la Côte-d'Ivoire, traînant derrière lui ses bandes affamées et
décimées et une multitude de captifs qu'il vendait pour se
procurer des armes ou qu'il abandonnait faute de pouvoir les
nourrir. En 1898, il était pris par le capitaine Gouraud et
expédié au Gabon, où il est mort en 1900. La France était
maîtresse désormais de la vallée du Niger: mais elle avait dû
reconnaître à l'Angleterre et à l'Allemagne, par le traité de
1889, un hinterland de 350 kilomètres de profondeur, de la
côte au 9ᵉ parallèle, et plus tard, par la convention dite du
Togoland, du 23 juillet 1897, et par celle de la Côte d'Or, du
14 juin 1898, cette limite était étendue jusqu'au 11ᵉ parallèle.

Le petit domaine allemand avait singulièrement grandi,
depuis quatorze ans, puisque son territoire comprenait désormais une superficie de 87.000 kilomètres carrés, c'est-à-
dire environ la valeur d'une quinzaine de départements, avec
une population d'un million d'habitants. Devait-il donner
tout ce qu'on en avait espéré ? Le Togoland est un pays peu
fertile et ne sera jamais susceptible d'un grand avenir agricole. Des efforts ont été faits pour développer des cultures
nouvelles: le coton, le cacao, le maïs ; il ne semble pas qu'ils
aient donné des résultats réels. La principale ressource du
pays est toujours l'huile de palme, qui fournit à elle seule les
trois quarts de l'exportation; le reste étant représenté par le
caoutchouc, les essences forestières, le bétail et les produits
de plantations. Le commerce s'est développé progressive-
ment, grâce à la construction de voies ferrées qui vont chercher les produits de l'intérieur, à Palimé d'une part, où sont
les plantations de cacao et la région forestière, à Atakpamé
de l'autre, où est la région de l'huile. Ces chemins de fer partent de Lomé, qui est à la fois la capitale et le port principal,
où ont été faits quelques travaux d'aménagement, notamment
un wharf. C'est ainsi que le mouvement total des échanges,
qui était à peine de trois millions de marks en 1897, est monté
à 10 millions en 1907 et a atteint, dans ces dernières années,
le chiffre de 18 millions, qu'il semble ne pas devoir dépen-

ser. En fait, si la colonie n'est pas d'un grand rapport, elle se suffit à peu près à elle même, et, à la différence des autres possessions allemandes de l'Afrique, elle peut se passer de la subvention de l'Etat. Son budget était, en 1912-1913, de 3.150.000 marks, avec un déficit de 25.000 marks. Celui de 1913-14 était passé à 4.057.000 marks. Il n'existe pas de troupes coloniales au Togoland, mais un simple corps de police de 150 noirs. Le nombre des blancs établi dans le pays était recensé à 372.

En fait ce que les Allemands avaient surtout visé en s'emparant du Togo, c'était un moyen de s'ouvrir une route jusqu'au Niger et peut être au Tchad et d'élargir ainsi la bande un peu trop étroite de leur territoire. La Convention de 1897 les a contraints de rester dans leurs limites. Mais ce qu'ils n'ont pu faire au Togoland, ils l'ont réalisé au Cameroun.

Le Cameroun. — Le Cameroun avait été découvert par les Portugais qui l'avaient appelé *Camaroës*, du nom de ces énormes crevettes qu'on pêche dans les mers chaudes et qu'ils virent là sans doute pour la première fois. Par extension, le fleuve, à l'embouchure duquel ils avaient abordé et la haute montagne volcanique qui dresse son sommet à 3.960 mètres au-dessus de l'estuaire, avaient reçu la même désignation : les Allemands, après leur prise de possession, l'étendirent à toute leur colonie, en modifiant le nom primitif suivant le génie de leur langue. C'est ainsi que Camaroës est devenu Cameroun ou Kamerun. Le régime politique de tout le littoral, depuis les bouches du Niger jusqu'au Gabon était assez confus. Anglais, Français, Espagnols, Allemands, possédaient des factoreries sur tous les points de la côte, sans parler de quelques districts voisins que les uns et les autres essayaient de se faire céder plus ou moins régulièrement par les chefs indigènes. C'est ainsi que le docteur Nachtigal, qui venait de prendre possession du Togo, se hâtait d'accourir au Cameroun à l'annonce qu'un agent de la Compagnie an-

glaise du Niger y était dépêché pour traiter avec les roitelets
de la côte. Nachtigal le précéda de deux jours. En vertu des
conventions qu'il venait de signer, il revendiqua d'abord la
côte nord, celle du Cameroun proprement dit. Les Anglais
y avaient des missions, des consuls ; leur drapeau flottait

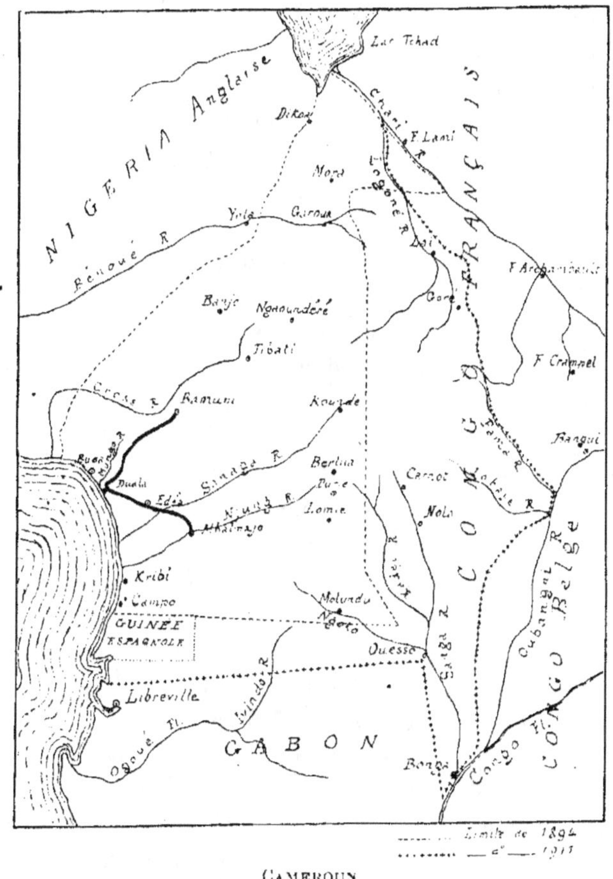

CAMEROUN

sur quelques villages de l'intérieur et leur langue était la
langue usuelle du commerce. Malgré de vives réclamations
et un échange de correspondances irritées, l'Angleterre finit
par céder. Les missions baptistes anglaises furent rappelées

et remplacées par des missionnaires de Bâle, chargés d'enseigner désormais la langue allemande aux nouveaux sujets de l'Empire. Une convention de 1885, fixait en même temps au Rio del Rey, la limite de la Nigeria anglaise et du Cameroun. Au sud, les Français avaient consenti à abandonner toute la côte jusqu'au Rio del Campo, frontière du Gabon, en échange de quelques comptoirs de la Sénégambie. Quant au hinterland, sa limite était fixée au 15° méridien de Greenwich (12°40 long. est de Paris).

L'Allemagne n'allait pas s'en tenir là. Au delà du hinterland reconnu, s'étendaient de vastes territoires, qui, rayonnant autour de la colonie, allaient en éventail, d'une part vers l'Adamoua et le Tchad, de l'autre vers le Congo. Le Tchad, qui occupe le centre de l'Afrique septentrionale, est au point de croisement des lignes qui joignent d'un côté le golfe de Guinée au Soudan égyptien et au Nil, et de l'autre le bassin du Congo à la Méditerranée. Les Anglais, maîtres du Bas-Niger, prétendaient s'en assurer la possession : les Allemands, qui entrevoyaient désormais de vastes horizons d'expansion coloniale, jetaient aussi leurs vues sur le Tchad. Les Français, maîtres nominalement du Sahara, comprenaient que c'en était fait de la jonction de l'Algérie et du Congo, s'ils ne barraient la route du Tchad à leurs concurrents. Mais il s'agissait d'abord de reconnaître les régions qui avoisinaient le lac et qui n'avaient pas été visitées depuis Barth et Rohlfs. L'Allemagne dépêcha à partir, de 1889, les missions, Zintgraff, Morgen et Gravenreuth. Mais les missions françaises de Mizon, de Casimir Maistre et de Jacques de Brazza les avaient devancées, « entourant le Cameroun, du Congo à la Bénoué, d'un itinéraire jalonné de traités passés au nom de la France (1). L'Angleterre, inquiète de nos progrès, s'entendit avec l'Allemagne et par traité du 15 novembre

(1) Voir *Bulletin de la Société Lang. de Géographie*, 1912, 1ᵉʳ trimestre. Lettre de Casimir Maistre au Ministre des Colonies pour protester contre le traité du 4 novembre 1911 qui démembrait le Congo Français au profit de l'Allemagne.

1893, les deux puissances prolongeaient leurs colonies de la
Nigeria et du Cameroun jusqu'à la rive occidentale du Tchad.
Cependant, en 1894, par le traité de Berlin, l'Allemagne à
son tour s'obligeait à reconnaître nos droits sur la vallée du
Chari, ce qui lui ôtait désormais tout espoir de s'avancer plus
loin vers l'Est, bloquée qu'elle était au nord par la frontière
anglaise et à l'est par la nôtre.

Arrêtés sur le Tchad, les Allemands se rejetèrent vers le
Congo. Ne rêvaient-ils pas, déjà, d'aller rejoindre à travers
le continent, leurs possessions de l'Afrique orientale (1). En
1908, lorsqu'il fut procédé à la délimitation de la frontière
du Cameroun et du Congo français, les Allemands, en échange de quelques concessions, obtinrent de s'avancer jusqu'au
Logone, affluent du Chari et jusqu'aux sources de la Sangha,
affluent du Congo. Trois ans plus tard, survenait le coup
d'Agadir, à la suite duquel 250.000 kilomètres carrés étaient
pris sur notre territoire congolais pour être attribués à la
colonie allemande. De ce fait, les Allemands, par l'occupation
de la Lobaye, au nord, et de la Sangha, au sud, ce qu'on a
appelé les deux antennes ou les deux piqûres, prenaient pied
d'une part sur l'Oubanghi, de l'autre sur le fleuve Congo lui-
même, et coupaient désormais notre Afrique équatoriale française en trois tronçons (2).

(1) Les visées de l'Allemagne sur le Congo Belge devaient apparaître, plus
tard, d'une façon plus précise. En 1913, la *Post*, envisageant un accord
Anglo-Allemand à cet égard, écrivait : « La Belgique ne nous cédera pas
volontiers son empire africain. Il faudra donc l'acheter à un prix onéreux
ou le prendre en vertu du droit du plus fort. Que fera l'Angleterre en pareil
cas ? Prendra-t-elle les intérêts belges sous sa protection ou nous aidera-t-elle
par tous les moyens imaginables à acquérir le Congo belge ? Tant que cette
grosse question n'aura pas été éclaircie, tout accord Anglo-Allemand sur
l'Afrique Centrale est inutile ». Devant l'émotion soulevée par cet article,
la *Gazette de Cologne* crut devoir protester des bonnes intentions de l'Allemagne.

(2) A la suite de l'affaire d'Agadir, il y avait eu un vague projet de la
part de l'Allemagne de nous céder le Togoland en échange des territoires
congolais, puis il ne fut plus question de compensations et le Togoland resta
à l'Allemagne.

Le Cameroun ainsi constitué représente une superficie de 790.000 kilomètres carrés avec une population de 3.800.000 habitants. La capitale, autrefois à Victoria, sur la côte, a été transportée à Buea, sur les pentes du Cameroun. Le port principal est Duala, à l'embouchure du Moungo. C'est de là que partent les voies ferrées qui vont au nord, vers Bamum, et au sud sur Edéa et Mbalmajo. Les autres postes importants sont sur la côte, Kribi, Campo et, à l'intérieur, Mora, Garoua et Ngaoundéré, qui sont des chefs-lieux de résidence.

Le pays, tour à tour montagneux ou accidenté, couvert en partie de forêts que le lacis des lianes rend encore plus impénétrables, sillonné de rivières nombreuses, médiocres voies navigables d'ailleurs, sauf celles qui descendent vers le Congo, est arrosé pendant neuf mois de l'année par les pluies chaudes de l'Equateur, tour à tour fines et continues ou torrentielles, ce qui lui donne un climat humide, lourd et malsain. La maladie du sommeil est le fléau de la colonie. Elle sévit surtout à Duala, dans les vallées du Njong et de la Sangha. Mais la richesse de la végétation est extraordinaire. Le palmier à huile, le caoutchouc, qu'on retire d'une espèce de liane de 50 à 60 mètres, enroulée aux arbres de la forêt, le cacao, le bananier, sont parmi les principaux produits. Quelques bois de teinture, un peu d'élevage et un ivoire grossier, assez inférieur, fournissent encore à l'exportation. En réalité, c'est le caoutchouc sauvage qu'on trouve surtout dans les districts du sud du Njong et du Ngoko, et qui s'exporte par le port de Kribi, qui est le grand produit d'exportation, puisque sur un chiffre de 20 à 22 millions de marks, il représente à lui seul 10 à 11 millions.

Le Cameroun est resté longtemps une colonie improductive et délaissée. Le système des grandes compagnies agricoles ou commerciales, que Bismark appliquait alors à toutes les possessions africaines, ne donna aucun résultat. De plus, l'Etat dut intervenir contre les indigènes turbulents ou soulevés, et envoyer contre eux un certain nombre d'expéditions militaires. Depuis lors, il a fallu entretenir dans la colonie une force armée de 1.800 noirs et de 150 blancs.

Actuellement, les dépenses du Cameroun s'élèvent à plus de 15 millions de marks, dont 10 millions sont fournis par les recettes locales, le surplus provenant des subventions de la Métropole. Cependant, l'État allemand, surtout depuis la cession de 1911, a formé de grands projets pour la mise en valeur du Cameroun. En janvier 1913, une mission a été organisée en vue d'étudier la navigabilité des rivières du sud, le Ngong, le Duma, la Kadéi et la Sangha, et une *Société de navigation du Cameroun* a été fondée, au capital de 2 millions de marks, la même année, pour créer une entreprise de transports fluviaux sur le Congo, la Sangha et l'Oubanghi. De grands travaux doivent être exécutés à Duala, en vue d'en faire un des ports les plus importants de l'Afrique occidentale. Enfin, de nouveaux tracés de chemins de fer ont été exécutés. D'Edéa doivent partir trois voies, l'une par Jaundé, Koundi et Goré, sur le Logone, l'autre par Jaundé, Bertua et Nola, sur la Sangha supérieure; la troisième de Mbalmajo, Molundon à Ouesso, sur la Sangha inférieure. Quant à la ligne du nord, déjà amenée jusqu'à Bamum, elle doit être, dans un avenir plus lointain, poussée jusqu'au Tchad, avec embranchements sur Tibati, Ngaoundéré et Garoua. La colonie serait ainsi dotée d'un réseau de plus de 3.000 kilomètres. Pour l'instant, 520 kilomètres seulement sont construits.

Le Sud-Ouest Africain allemand. — Le Sud-Ouest Africain allemand comprend tout le territoire qui se développe sur environ 1.500 kilomètres de côtes, entre l'Angola portugais et le Fleuve Orange. A l'intérieur, il s'avance en pointe jusqu'au Zambèze et, au-dessous, jusqu'au Bedjouanaland britannique, dont il n'est séparé que par une ligne méridienne. Sa superficie est de 835.000 kilomètres carrés, sa population n'est que de 80.000 habitants. Le pays est, dans son ensemble, constitué par un vaste plateau qui s'élève en terrasses

 G. QUESNEL

jusqu'à des altitudes de 900 à 1.000 mètres et est isolé par
la dépression du Kalahari. Au centre se dresse un massif
montagneux avec des sommets de 2.300 mètres en arrière de
Walfish bay et de 1.600 mètres à l'est d'Angra-Pequena; en-
le Veld, sorte de hamada de 500 à 600 mètres d'élévation,

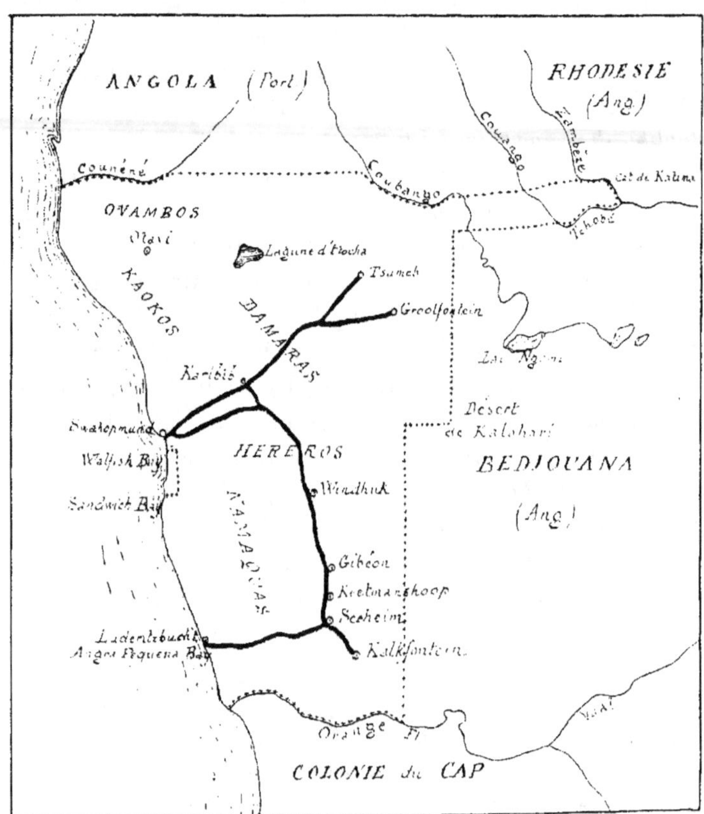

SUD-OUEST AFRICAIN ALLEMAND

rocheux ou recouvert de sable : puis un cordon de dunes de
sable, quelques-unes de 100 mètres de haut borde le littoral
de crêtes parallèles, souvent sur une largeur considérable.
Au sud de Walfish bay, on compte 16 crêtes de dunes entre

la mer et la hamada. Les pluies sont rares sur la côte où le sol, saturé de sel, ne laisse apparaître çà et là que quelques arbustes épineux.

L'eau est rare; il faut aller la chercher en creusant des puits. Les rivières ne sont que des ouadi, le plus souvent à sec. Celles qui roulent un peu d'eau se perdent dans les fissurations du sol ou sont arrêtées par les dunes du rivage. Sur les hautes terres, les pluies, plus abondantes, surtout à mesure qu'on se rapproche du nord, favorisent une végétation plus active. Les forêts de l'Angola s'avancent jusque dans l'Ovambo, où l'on rencontre encore le baobab et le palmier. Cette région, d'ailleurs, est fertile; les indigènes y cultivent les arbres fruitiers et les céréales — et les Boers du Transvall vinrent même s'y établir un moment, mais simplement pour l'élevage des bestiaux. D'ailleurs, la végétation forestière disparaît assez rapidement pour faire place aux pâturages et aux prairies. La population indigène est aujourd'hui très clairsemée. Elle était plus dense autrefois; mais les guerres continuelles entre les tribus l'ont décimée. Au nord sont les peuplades Bantous, qui sont les indigènes de l'Afrique australe. Ils sont, en général, grands, bien faits, intelligents et travailleurs, mais d'une humeur farouche et guerrière. Les principaux groupements sont les Ovambos, agriculteurs et industriels ; les Hereros, d'une assez belle race quand elle est pure, ils sont surtout pasteurs ; les Damaras mélangés de Hottentots, petits, chétifs, groupés autour des missions; ils servent de bergers. Au sud, les Namaquas, appartenant à la race hottentote; ils sont très sauvages, n'ont que des industries rudimentaires et disparaissent devant la civilisation. Il faut ajouter que la côte n'offre aucun port capable de recevoir des navires. Walfish bay est le seul accessible.

Les Anglais, qui l'occupent depuis 1878, y faisaient autrefois un commerce d'ivoire et de plumes d'autruche : aujourd'hui, ils y achètent le bétail pour approvisionner le Cap, et pour garder ce trafic, ils ont proclamé la franchise de la baie, de là quelque commerce avec des factoreries des Hereros.

Sandwich bay, à peu de distance au sud, pourrait à l'occasion offrir une assez bonne rade si elle n'était menacée par l'ensablement. Angra Pequena, baie profonde de 8 kilomètres, avec des fonds de 13 à 14 mètres, est un bon abri, mais l'eau douce manque.

Tel est le pays dont les Allemands devaient disputer si âprement la possession à l'Angleterre. Là encore le docteur Nachtigal fut l'artisan de la prise de possession. Cependant, il avait été précédé par un négociant de Brême, Luderitz, qui, dès 1883, avait fondé une factorerie à Angra Pequena, puis, par des achats successifs aux chefs Namaquas, il constitua un territoire de 550 kilomètres carrés qu'on appela le Luderitzland. Ce fut le point de départ du Sud-Ouest Africain allemand.

Le docteur Nachtigal continua l'œuvre d'annexion jusqu'au Fleuve Orange et, au mois d'août 1884, arborait le drapeau allemand sur la nouvelle colonie. L'Angleterre, qui avait occupé Walfish bay depuis 1878 et qui se prétendait suzeraine de toute la côte jusqu'au cap Frio, protesta violemment. Le ministre anglais déclara que tout établissement d'une puissance étrangère dans la région serait un empiètement sur les droits de la Grande-Bretagne. Il lui fallut pourtant encore céder devant l'attitude presque menaçante de l'Allemagne, et tout le Luderitzland, jusqu'au Fleuve Orange, fut déclaré terre germanique — à la réserve de l'enclave de Walfish bay. — Un traité du 30 décembre 1886 avec le Portugal porta les limites au nord jusqu'au fleuve Counéné, avec une pointe sur le Zambèze, aux rapides de Catima, en amont de la chute de Victoria. C'est ce qu'on a appelé le « bec de Caprivi ». Là encore restait à régler la question du hinterland. L'Allemagne avait espéré pouvoir rejoindre les républiques boers, de même origine germanique, et faire ainsi échec à la prépondérance anglaise dans l'Afrique méridionale. Mais, dès 1885, l'Angleterre occupait le Bedjouanaland jusqu'au 20° longitude, et plus tard, en 1888, la région du lac Ngami. L'Allemagne devait donc se contenter de son étroit débouché sur le Zambèze.

A l'intérieur, les difficultés ne tardèrent pas à surgir. Les Hottentots se soulevèrent avec un chef Hendrik Witboi, sorte de messie, qui s'était taillé dans le Namaqualand une façon d'empire et qui ne put être réduit qu'après une rude campagne. Puis éclata la révolte des Hereros, qui ne fut réprimée qu'après plusieurs campagnes et une guerre d'extermination qui fit périr près de 50.000 indigènes. Les Hereros furent confinés dans leurs villages et ne purent en sortir qu'avec un passeport; leurs terres furent confisquées et il leur fut interdit d'avoir aucune propriété en terres et bestiaux. Le résultat fut une misère extrême et la disparition de la main-d'œuvre, sans laquelle la colonie ne pouvait être mise en valeur. Pour prévenir toute tentative nouvelle d'insurrection, il fallut entretenir un corps de troupes coloniales dont l'effectif, d'abord de 10.000 hommes, fut successivement réduit jusqu'à 2.500 hommes à cause des trop lourdes charges qu'il imposait à la métropole. Aussi l'insécurité régna-t-elle dans les pays dépourvus de force armée, où les bandes indigènes commettaient des désordres et des pillages. Dans les deux dernières années, il fallut faire vingt-quatre expéditions contre elles. En temps de guerre, en comptant la troupe coloniale, la police et les Allemands en état de porter les armes, on estimait que la colonie pourrait disposer de 5 à 6.000 combattants. « L'éventualité la plus redoutable, écrivait le major Schwabe, serait une guerre étrangère, avec la colonie du Cap, si l'Allemagne cessait d'avoir la maîtrise de la mer » (1).

L'exploitation de la colonie ne donna, au début, que des mécomptes. On avait compté tirer parti des précieuses îles à guano, qui sont à proximité d'Angra Pequena, et aussi des pâturages de l'intérieur, qui semblaient promettre des réserves illimitées de bétail. Mais avant même l'arrivée des Allemands, les champs de guano étaient déjà bien diminués, et

____

(1) *Bulletin du Comité de l'Afrique Française.* Supplément de janvier-février 1915.

le bétail fut décimé par une épidémie de peste bovine. La colonie, sans ressources agricoles, écrasée par des charges ad-
ministratives et militaires, allait grands pas à la faillite. De
1903 à 1906, ses exportations, qui avaient dépassé trois millions et demi de marks, n'étaient plus que de trois cent mille
marks, quand la découverte des diamants vint subitement
tout changer. Aux vaches maigres allaient désormais succé-
der les vaches grasses.

C'est en 1908 que, dans les sables de la baie d'Angra Pequena, à Luderitzbucht furent trouvées les précieuses pierres. La production de 1908 n'était que de 50.000 marks; mais
en 1910, elle montait à 15 millions, en 1911 à 26 millions, en
1912 à 24 millions et, en 1913, à 30 millions. Soixante dix-
neuf sociétés sur cent quatre-vingt qui existent dans la colonie, s'occupaient de l'extraction des diamants et y em-
ployaient 600 blancs et 3.000 Ovambos. Mais cette main-
d'œuvre indigène est insuffisante et précaire et la grosse
question est celle de l'introduction des travailleurs étrangers.
Outre les diamants, le pays possède encore quelques mines
de cuivre et de plomb.

Cependant, les richesses minières ne sont pas inépuisables.
Le pays, grâce à son climat, pourrait être une colonie de
peuplement, au moins dans la région du nord, qui est suffi-
samment fertile. Aussi, la colonisation européenne s'est-elle
développée, puisque le nombre des blancs est actuellement
de près de quinze mille. C'est en vue d'avoir des terres et
des bestiaux à leur disposition, autant que par crainte de
soulèvements, que les colons se sont toujours opposés à ce
qu'on restituât les unes et les autres aux Hereros dépossédés.
Quoi qu'il en soit, les produits agricoles et pastoraux ne
fournissent qu'un chiffre infime aux exportations. En 1911-
1912, le mouvement général du commerce était de 73 millions
de marks dont 28 millions à l'exportation, et sur ces 28 millions, les diamants entraient pour 23 millions, le cuivre
3.754 mille marks, le plomb 346 mille marks, les peaux 324

mille marks, la laine 74 mille marks et les plumes d'autruche 88 mille marks.

Le Sud-Ouest Africain est désormais une colonie prospère, au moins pour un temps. Son réseau de chemin de fer est de 2.126 kilomètres. A part la ligne du nord, destinée à desservir la région agricole de l'Ovambo et les mines de cuivre de Tsumeb, les autres ont surtout été construites dans un intérêt stratégique, soit pour amener rapidement des troupes de Swakopmund sur la côte, à Windhoek, la capitale, soit pour en transporter au sud, à Kalkfontein, en vue d'un conflit possible avec Le Cap. C'est sur cette dernière ligne que se trouve, au sud de Windhoek, les fermes modèles de Gibeon, qui appartiennent à l'Empereur et qui sont destinées à développer la colonisation agricole dans ce district.

Le budget s'élève à 54 millions de marks, dont 18 millions pour la colonie. Les dépenses militaires sont évaluées à 13 millions 824 mille marks.

L'Est Africain allemand. — Au temps de leur grande puissance, c'est-à-dire au xvi° et au xvii° siècles, les Portugais possédaient toute la côte orientale d'Afrique. Il ne leur reste plus aujourd'hui que le Mozambique, qui représente un territoire de 760.000 kilomètres carrés.

Le nord du littoral, à partir du cap Delgado, leur fut enlevé à la fin du xvii° siècle par l'Iman de Mascate. Un de ses successeurs, Saïd Soultan, s'empara, en 1806, de la côte de Zanguebar et des îles adjacentes, Zanzibar, Pemba, Mafia et Socotora. En 1836, il se retira à Zanzibar et ne s'occupa plus désormais que de ses plantations, sur lesquelles il entretenait 8.000 esclaves, et du commerce qu'il alimentait par la traite des noirs et de l'ivoire, que ses chasseurs allaient chercher jusqu'au Tanganyika. A la mort de Saïd Soultan, en 1856, ce grand empire arabe fut démembré entre trois de ses fils; l'un prit Mascate, l'autre les possessions du Golfe Persique et le troisième Zanzibar avec les terres africaines.

Le sultan de Zanzibar n'allait pas tarder à être réduit à une

autorité purement nominale sur ses états et dans son palais.
Des intrigues diplomatiques se nouaient bientôt autour de
ce débris d'empire, si riche encore au point de vue commercial.

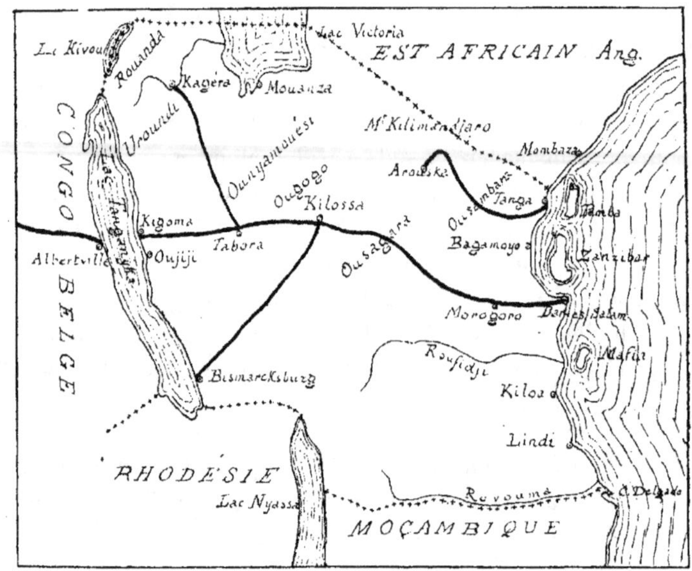

AFRIQUE ORIENTALE ALLEMANDE

La France et l'Angleterre surtout guettaient le moment de
l'asservir ou de l'annexer, et ce n'était que pour réserver
l'avenir qu'elles signaient un traité, le 10 mars 1862, qui reconnaissait son indépendance. Et dès lors, une lutte d'influence s'engagea entre les deux puissances autour du Sultan Saïd Medjid, puis de son successeur Saïd Bargash.
L'Angleterre finit par l'emporter grâce à l'habileté de son
représentant, Sir John Kirk, consul, puis consul général de
1866 à 1887. Saïd Bargash, réduit à l'état de vassal, dut
subir le protectorat déguisé mais effectif de l'Angleterre. La
France était évincée et le gouvernement anglais n'attendait
que l'occasion de rendre son protectorat officiel.

C'est alors qu'apparurent les Allemands. Le docteur Pe-
ters, en 1884, fonde une *Compagnie pour l'Afrique orientale*

et, par une série de traités plus ou moins réguliers, de 1885 à 1886, se fait céder ou achète toute une série de territoires, tant sur le littoral que dans l'intérieur, depuis la Rovouma jusqu'au Golfe d'Aden, ce qui lui donnait la tête des routes qui vont aux Grands Lacs (1). Saïd Bargash, soutenu par le consul John Kirk, essaya de résister : mais l'Allemagne était alors dans toute la ferveur de sa politique coloniale. L'Angleterre avait d'autres difficultés et n'osa en soulever de nouvelles, bien qu'elle eut des intérêts sur cette côte et des douanes à Berbera et à Boulhar. Aussi, le 17 décembre 1886, une convention intervint-elle entre l'Angleterre, l'Allemagne et la France, celle-ci comme signataire du traité de 1862 et, de plus, intéressée dans la question par suite de son protectorat établi à Madagascar en 1883 et de ses intérêts commerciaux dans l'Océan Indien. Les limites du sultanat de Zanzibar étaient fixées: on lui laissait 1.600 kilomètres de côtes, du cap Delgado à Vitou, puis les sphères d'action de l'Allemagne et de l'Angleterre étaient délimitées, pour l'Allemagne du cap Delgado au Kilimandjaro; pour l'Angleterre, du Kilimandjaro au fleuve Tana. De plus, l'Allemagne s'attribuait le droit de percevoir les douanes pour le compte du Sultan sur deux points de la côte, à Pangani et à Dar-es-Selam. Saïd Bargash resta désormais tranquille. D'ailleurs, l'Allemagne montrait moins d'enthousiasme pour ses nouvelles possessions. Les compagnies de plantations ne réussissaient pas : elles avaient à lutter contre le manque de bras, contre un climat meurtrier. Un emprunt de 12 millions fut englouti sans résultat. La compagnie allemande se résolut à un nouvel effort. En 1888, elle obtint, un peu avant la mort du sultan, un traité secret de Saïd Bargash, qui lui céda tout le

---

(1) Dans leur prise de possession, ces marchands allemands, sûrs de l'appui de leur gouvernement, procédèrent avec une prudence et une décision rares. Déguisés en émigrants pauvres, ils débarquèrent à Saadani sans qu'on eût reconnu leur qualité, et sept jours après ils avaient déjà signé leur premier traité d'annexion, suivi bientôt de plusieurs autres. Ils avaient l'air de s'appuyer sur les faits accomplis. (E. Reclus. L'Afrique Méridionale.)

littoral contre une rente à payer. Saïd Bargash prévoyait cette dépossession et était encore bien aise qu'on voulut bien lui payer une rente en échange. Le 15 août 1888, la Compagnie prend possession de la côte et arbore le pavillon allemand. Cette occupation portait un coup à l'esclavage, que naturellement les Allemands, en leur qualité de nation civilisée, ne pouvaient tolérer sur un domaine à eux. Alors éclata un soulèvement des marchands arabes et des indigènes, sous un chef nommé Bouchiri.

L'Angleterre ne voyait pas sans une secrète satisfaction les difficultés contre lesquelles luttait la nouvelle colonie allemande. Elle-même avait constitué, dès 1885, une *Compagnie Anglaise de l'Afrique Orientale*, sur le modèle de la compagnie des Indes d'autrefois et de la compagnie de Bornéo d'aujourd'hui, et lui avait concédé, en 1887, en même temps qu'une charte, tout le territoire au nord du Kilimandjaro, avec un certain nombre d'îles, parmi lesquelles Pemba, au nord de Zanzibar, que le nouveau sultan Saïd Khalifa dut lui abandonner. Les débuts de la compagnie anglaise n'étaient pas plus brillants que ceux de sa voisine. Les troubles gagnèrent bientôt son territoire. En décembre 1888, l'Angleterre et l'Allemagne se décidèrent à agir de concert. Le prétexte fut la répression de l'esclavage. La France refusa de se joindre à cette expédition, mais envoya deux navires pour faire respecter son pavillon; l'Italie, au contraire, accepta avec joie et envoya deux cuirassés. Elle était alors engagée dans une politique coloniale sur la côte Somali et dans la Mer Rouge. Les côtes furent mises en état de blocus, qui dura dix mois et prit fin le 1er octobre 1889. Il n'eut d'ailleurs d'autres résultats que la capture de quelques boutres arabes et des querelles entre les amiraux Deinhard et Freemantle. Cependant, le major Wissmann parvenait à réduire Bouchiri qui fut pris et fusillé en décembre 1889. Par un traité signé le 1er juillet 1890, l'Angleterre et l'Allemagne se partagèrent ce qui restait du sultanat de Zanzibar. L'Angleterre s'adjuge Zanzibar et Mafia qu'elle convoitait depuis longtemps et cède Héligoland à l'Allemagne (1). Celle-ci étend son hinterland jusqu'aux lacs Victoria, Tanganyika et Nyassa. La France, de nouveau intervenante, faisait reconnaître son protectorat sur Madagascar, et l'Italie se faisait attribuer une partie de la Somalie.

Six mois après, le gouvernement allemand se substituait à la Compagnie et proclamait l'annexion officielle de l'*Est Africain allemand*, qui devenait colonie de la couronne, avec Dar-es-Selam pour capitale.

Le territoire allemand a une superficie de 995.000 kilomètres carrés et une population de 10 millions d'habitants, dont quatre à cinq mille blancs. La population indigène se compose d'un grand nombre de tribus appartenant à la race Bantou. Celles de la côte se sont arabisées et ont pris plus ou moins les mœurs et la langue, et surtout la religion de leurs anciens maîtres. Toutes ces tribus sont ou pillardes ou guerrières. En 1906, elles se soulevèrent de nouveau, à cause du travail auquel l'administration voulait les astreindre sur les plantations. Car, dans l'Afrique orientale, comme dans tout le continent noir, la main-d'œuvre est le problème à résoudre. Les noirs se refusent au travail ou ne s'y astreignent que contraints et forcés. L'Est Africain allemand, qui ne peut être qu'une colonie d'exploitation, a besoin de travailleurs. Ce pays a de grandes richesses agricoles: c'est de ce côté que se sont portés les efforts de l'administration, depuis que la suppression de la traite a amené une forte diminution dans

(1) Héligoland situé à environ 70 kilomètres de Cuxhaven à l'embouchure de l'Elbe, commande à la fois les routes maritimes de Hambourg et de Brême. Ce n'est qu'un ilot rocheux d'un demi-kilomètre environ de superficie. Les Anglais s'en étaient emparés en 1807, lors du blocus continental et s'en servaient alors pour écouler leur contrebande sur le continent. Le traité de 1890 causa une grande irritation en Allemagne. On le qualifiait alors de traité du bouton de culotte, parce que le ministre anglais Salisbury avait dit en plaisantant que l'Allemagne avait échangé alors un pantalon neuf contre un vieux bouton de culotte. Les Allemands ont fait depuis lors d'Héligoland une défense maritime puissante à l'abri de laquelle leurs vaisseaux de guerre ont pu défier jusqu'à présent les attaques des flottes alliées.

le commerce de l'ivoire. Le gouvernement a favorisé le développement des plantations. Il avait même espéré pouvoir établir, sur les plateaux de l'intérieur, des colonies d'agriculteurs allemands. Le mouvement d'émigration, organisé par ses soins et qui fut un moment assez considérable, s'est peu à peu ralenti pour être aujourd'hui réduit à presque rien. Il a fallu recourir aux indigènes qu'on emprunte presque tous à l'Ounyamouési. Mais le pays se dépeuple d'année en année : la plupart des hommes faits et des jeunes gens émigrent sans esprit de retour, les maladies déciment les autres. Au delà de l'Ounyamouési se trouve le Rouanda, entre les lacs Kivou et Victoria. La population, qui n'a jamais laissé pénétré chez elle les traitants arabes, y est assez dense. Elle possède de grands troupeaux de bétail. Ces montagnards consentiraient-ils à quitter leur pays et, d'ailleurs, supporteraient-ils le climat du bas pays ? Actuellement 83.000 noirs environ travaillent sur les plantations européennes.

Les principaux produits agricoles sont le café, dont on espérait un plus grand rendement ; le caoutchouc, qui a à lutter contre la concurrence du caoutchouc congolais ; le coton, les produits oléagineux, les peaux et le bétail vivant, les céréales. Mais la grande culture de la colonie, celle qui fait sa richesse actuelle et semble assurer son avenir économique est celle du chanvre sisal, qui tient d'ailleurs dès à présent le premier rang dans ses exportations (1).

Le commerce total, en 1911-1912, était de 75 millions de marks, contre 58 millions pour l'exercice précédent. Les exportations, dans ce chiffre, sont représentées par 22 millions. Le progrès commercial du pays n'est que la conséquence du développement des voies ferrées. Jusqu'en 1907, la colonie ne possédait que 350 kilomètres de chemins de fer, représen-

(1) Le chanvre sisal est l'aloès ou agave americana du Mexique dont on connaît au moins trentre variétés. Il pousse en abondance sur le plateau mexicain et surtout dans le Yucatan, entre 1.800 et 2.400 mètres. Son nom lui vient du port de Sisal, au nord du Yucatan, où se fait la principale exportation de ce textile.

tés par deux lignes, l'une partant du port de Tanga, dans la direction du Kilimandjaro : l'autre allant de Dar-es-Selam à Morogoro. Sous l'impulsion du ministre des colonies Dernburg, qui voulut visiter le pays et se rendre compte de ses ressources avant de demander des crédits au Reichstag, les travaux furent poussés avec vigueur à partir de 1908. La ligne du *Nordbahn* ou de l'Ousambara atteignit le Kilimandjaro dès 1912.

Quant au *Central-Bahn*, il avait jusqu'au 1er juillet 1914 pour ouvrir sa seconde portion, de Morogoro à Tabora. Le 26 février 1912, la locomotive arrivait à Tabora. Il en fut de même pour la troisième section, qui devait être terminée le 1er avril 1915, et qui fut inaugurée le 1er février 1914. Ce jour-là, le rail atteignait le lac Tanganyika.

La voie du Tanganyika a une longueur totale de 1.250 kilomètres. Elle est à écartement d'un mètre. De Dar-es-Selam, elle remonte la vallée du Simbasi, puis traverse une région accidentée jusqu'à Mogodoro, qui se trouve à 220 kilomètres et à 498 mètres d'altitude. C'est au delà de Kilossa qu'elle pénètre dans les montagnes: passe à Dodoma, au kilomètre 463 et à 1.120 mètres d'altitude; à Bahi (523 kil. et 830 mètres d'altitude), puis franchit une passe à 1.360 mètres d'altitude et redescend sur Tabora par 1.200 mètres d'altitude (kilomètre 847), et de là jusqu'à Kigoma, sur le lac, à 800 mètres d'altitude. Le parcours total se fait en 42 heures, tandis qu'autrefois il fallait 42 jours pour gagner les rives du lac. Sur le Tanganyika, un vapeur de 1.200 tonnes doit relier Kigoma à Albertville et Bismarcksburg. Un embranchement de 450 kilomètres, partant de Tabora, pénètre dans le Rouanda. Un autre est projeté de Kilossa sur Bismarcksburg.

La troisième section du chemin de fer du Tanganyika, celle qui va de Tabora à Kigoma, traverse une région improductive, mais elle donne accès aux riches régions du Congo belge. Au delà du Tanganyika se trouve le Manyéma, où ont été reconnus d'importants gisements de houille et des mines d'étain. Une usine où travaillent 500 noirs est déjà installée dans la vallée de la Luvoua. Plus au sud est le Katanga, si abondant en minerais, surtout en minerai de cuivre. Ces minerais s'exportent en Europe par des porteurs jusqu'à la voie fluviale du Congo. Les Allemands comptent attirer à eux ce trafic, leurs voies de communications étant plus courtes et plus rapides : ils fourniraient en échange les produits agricoles dont leur colonie abonde et qui manquent aux provinces belges, notamment les céréales, le bétail et le sel, sans compter les marchandises nécessaires à l'industrie minière. Leur chemin de fer serait ainsi d'un rendement rémunérateur dans un avenir peu éloigné (1).

Dar-es-Selam et Tanga sont déjà des ports florissants qui se partagent presque tout le commerce de l'Ouest Africain allemand. Kiloa et Lindi viennent bien loin derrière eux.

Le budget de la colonie s'élève à 54.755.000 marks, dont 17 milions fournis par les ressources locales, 34 millions sur un fonds d'emprunt, et 3.600.000 marks seulement par la subvention de l'État. La force armée comprend 2.500 noirs et 200 Européens.

Après les longues et coûteuses épreuves des premières années, l'Afrique Orientale allemande est aujourd'hui la plus prospère des colonies allemandes. Les Allemands sont fiers de ce résultat et fidèles à leur façon d'agir, ils ont voulu l'étaler aux yeux du public. C'est dans ce but qu'ils avaient décidé l'ouverture, pour le 15 août 1914, d'une exposition coloniale à Dar-es-Selam. Le Kronprinz devait rehausser, par sa présence, l'éclat de cette manifestation. L'impitoyable destin en a décidé autrement (1).

(1) *Bulletin de l'Afrique Française*. Mars 1914.

(1) « La Société Coloniale avait offert, en 2ᵉ classe, le voyage aller et retour à une trentaine d'individus de condition modeste : elle fournissait, à chacun une valise contenant un vêtement, un casque colonial et six chemises. Le départ de Hambourg dut avoir lieu le 14 juillet. L'Afrique Orientale, où les Allemands estiment avoir donné la mesure de leurs capacités coloniales, attire particulièrement les visiteurs. Sans parler de deux ministres des Colonies, elle a reçu des députés, voyageant en groupe, une délégation

En somme, malgré des mécomptes et des tâtonnements, inévitables au début, l'Allemagne a su donner à ses colonies africaines tout le développement économique dont elles étaient susceptibles. Le principal agent de la politique coloniale de l'Empire, celui qui eut le mérite d'élaborer un programme et la ténacité nécessaire pour l'appliquer, fut M. Dernburg, qui fut d'abord directeur, en 1906, puis ministre des colonies en 1907. Il créa un personnel colonial en organisant l'Institut colonial de Hambourg, où administrateurs et colons devaient recevoir une éducation commune. Il donna à chaque colonie son autonomie financière, laissant à chacune le soin d'appliquer ses ressources au développement de ses cultures et de ses voies de communications et, en cas d'insuffisance, de procéder par voie d'emprunts. Il eut à lutter contre les résistances du Parlement. Il finit par en triompher et par lui faire voter les subventions nécessaires. En 1912, les encouragements pécuniaires donnés à l'agriculture coloniale s'élevaient à 2.860.000 marks. Le projet du ministre était de développer surtout la culture cotonnière, l'Allemagne utilisant annuellement pour plus d'un milliard de marks de coton. Jusqu'alors la production cotonnière des colonies allemandes n'a pas atteint 5 millions de marks. Quoi qu'il en soit, partout l'agriculture est en progrès, le réseau ferré se développe et, quand il sera terminé, les indigènes qui sont encore employés au transport pourront fournir un peu plus de main-d'œuvre aux cultures. Du moins on l'espère. Le chiffre total du commerce des Colonies allemandes en Afrique est de 217.712.000 marks pour 1911-1912, dont

de l'École supérieure de Commerce de Cologne ; et depuis 1904 pas une année ne s'est écoulée sans que quelque société n'organisât une excursion dans la Colonie. Par les voyages d'études, par les brochures, les conférences, les expositions coloniales ambulantes, la Société Coloniale, qui compte maintenant 42.000 membres, et la Ligue Coloniale des Femmes, qui en compte 18.600, aidées par le concours des Sociétés patriotiques et des Sociétés industrielles et commerciales, ont travaillé à faire en sorte que, comme le souhaitait Bismarck, l'esprit colonial pénétrât dans tous les milieux de la nation Allemande. » *Bulletin de l'Afrique Française.* Supplément de janvier-février 1915.

148 millions pour les importations et exportations allemandes (1).

Que va-t-il advenir, désormais, de cet empire colonial, édifié avec tant de brutalité et de persévérance, et aujourd'hui en plein rendement. Les hasards de la guerre lui ont plutôt été funestes jusqu'à ce jour. La marine allemande, sur laquelle on avait fondé, au delà du Rhin, tant d'espérances, a été impuissante à protéger ses possessions d'outre-mer. Il est vrai qu'elle ne supposait pas que, dans le conflit qui pourrait surgir un jour, elle verrait se dresser devant elle l'appareil formidable de sa grande rivale maritime. Le Togoland a été occupé presque sans coup férir dès le début des hostilités. Il n'en pouvait être autrement. Le Sud-Ouest Africain, après une belle campagne du général Botha, a dû capituler, le 10 juillet dernier. Le docteur Seitz, gouverneur, et le lieutenant-colonel Franck, commandant les troupes coloniales, adressèrent alors à l'Empereur le télégramme suivant : « Nous annonçons très humblement à Votre Majesté que nous avons été contraints de livrer à Botha le reste de la troupe coloniale, d'un effectif d'environ 3.400 hommes, enfermés entre Otavi et Tsumeb, par l'ennemi disposant de forces très supérieures. Tout espoir de résistance fructueux était exclu, car après la prise par l'ennemi des localités de Ghaub, Grootfontein, Tsumeb et Namoutoni, nous étions coupés de notre base de ravitaillement et toute tentative de rupture était impossible en raison de l'état déplorable des chevaux, qui étaient privés d'avoine depuis des mois. Tous les hommes des classes licenciées et du landsturm, ainsi que ceux qui ont été faits prisonniers en Afrique du sud, sont congédiés pour reprendre leur activité dans leurs fermes. Les officiers conservent leurs armes et leurs chevaux et peuvent, sur parole, demeurer en liberté dans le protectorat. La troupe active de l'armée colo-

______

(1) Le commerce des Colonies françaises de l'Afrique Continentale, c'est-à-dire de l'Afrique Occidentale, de l'Afrique Équatoriale et de la Somalie, à l'exclusion de Madagascar et de la Réunion, s'élevait à la même époque à 393 millions de francs, dont 161 millions pour la France.

niale, forte d'environ 1.300 hommes, garde ses fusils et sera concentrée dans un endroit de la colonie qui est encore à désigner. — Seitz et Franck. »

Au Cameroun, la guerre continue. Au mois d'octobre, le général Dobells, commandant les forces alliées, s'emparait d'Edéa et de Duala, coupant ainsi tout espoir de ravitaillement ou de secours par la mer. A l'intérieur, les troupes alliées, venues de la Nigeria et du Congo français et belge, obligeaient les Allemands à évacuer la Sangha après un combat de 72 heures, les 29, 30 et 31 mai; s'emparaient de Garoua, poste important au nord, le 11 juin et de Ngaoundérié, au cœur même du pays, le 29 juin. Le climat, la nature du pays, la sauvagerie et la férocité des indigènes rendent la guerre extrêmement pénible dans ces contrées, aussi bien pour les Allemands que pour les alliés.

L'Afrique Orientale est encore à peu près indemne. A l'intérieur, les Allemands ont résisté, jusqu'à présent, tant sur les lacs que sur leurs frontières, à toutes les attaques de la part des Anglais et des Belges : mais la colonie est isolée de la métropole et du reste du monde, les câbles sous-marins ayant été coupés et les stations de télégraphie sans fil ayant été détruites par les Anglais dès le mois d'août 1914. A la même époque, Dar-es-Selam et Tanga étaient occupées par eux et la côte mise en état de blocus. Le petit vapeur allemand *Kœnigsberg*, s'étant réfugié à l'embouchure de la rivière Roufidji, y fut embouteillé, puis détruit et réduit à l'état d'épave, le 11 juillet dernier.

A l'autre bout du globe, Kiao-Tchéou, qui formait une base navale importante dans l'Océan Pacifique, a été conquis de haute lutte par les Japonais, malgré une défense énergique. Quant aux îles de l'Océanie, les Australiens les ont annexées.

G. QUESNEL.

Extrait de la *Société Languedocienne de Géographie*, Tome XXXVIII
(3e trimestres 1915)

MONTPELLIER. — IMPRIMERIE GÉNÉRALE DU MIDI.